MEIN SYLT

Ein Atlas voller Liebeserklärungen

Herausgegeben von
Ulla Mothes

Fuchs & Fuchs

Ulla Mothes

Sylt!

Du hast mir wunderbare Tage geschenkt, in denen ich Bewohner und Besucher kennenlernen durfte. Du hast mir allerorten die Türen geöffnet. Ich wurde eingeladen, weitergeschickt und wiederum freundlich aufgenommen.

Zu diesem Buch haben achtundsechzig Menschen ein Bild von ihrem Sylt beigesteuert. Ein ganz persönliches Bild. Sie haben etwas von sich preisgegeben – liebevoll, witzig, ironisch, von leichter Hand oder wohlüberlegt. Sie haben die Insel emotional kartografiert. Dieser Atlas bietet Pfade, Landmarken und Orte, aber viel mehr noch Empfindsamkeit und Empathie, Heimatgefühl und Sehnsucht.

Es haben Bekannte und Unbekannte mitgemacht, Alteingesessene und Gäste, Künstler, Geschäftsleute, Fischer, Junge und Alte – die Spanne vom Jüngsten bis zur Ältesten beträgt mehr als neunzig Jahre. Ihr Sylt gestaltet haben Segler, Naturschützer, ein Pfarrer, eine Wattführerin und vielleicht gerade der Mann, der Ihnen das nächste Mal einen Strandkorb vermietet.

Ich gestehe, ich habe mich treiben lassen – wie ein Stück Strandgut. Ich hätte noch viele, viele mehr fragen mögen. Wo anfangen und wo aufhören? Das ließ sich nicht sagen, genauso wenig, wie die Insel nach dem nächsten Winter aussehen wird. Was wird fehlen, was schwemmt das Meer an? Dieses Buch ist in gewisser Weise wie ein Strandspaziergang entstanden, auf dem man Schätze mitnimmt und andere übersieht. Mir ist ganz sicher einiges entgangen, ich habe aber auch viel gefunden.

Die Menschen, deren Karten in diesem Buch versammelt sind, haben mir wunderbare Inselgeschichten erzählt. Sie allein würden ein Buch füllen. All diese Geschichten und noch viele mehr sind auf den Karten verdichtet. Jede Seite ist ein Extrakt des Insellebens, hochkonzentriert und einladend; Geheimtipps und Sylter Lebensgefühl inklusive. Diese Karten machen Lust auf die Insel. Sie zeigen Sylt vielseitiger und intimer als jeder Reiseführer.

Ob Norden, Süden oder Osten, ob Watt- oder Seeseite, überall wurdest Du, Sylt, aufs Schönste beschrieben, bekritzelt, kunstvoll bemalt. Du hast mich voller Wärme empfangen und mir Freude bereitet und wirst sie auch den Betrachtern dieses Buches schenken, und so verbleibe ich ganz als die Deine.

Ulla Mothes, im Februar 2015

Das Eiland
ist kein Traum!
es wird vielleicht deiner werden
Sylt ist ein kategorischer Imperativ der Freude
Die Insel gehört dem, der sie genießt
U.B. 14

Uwe Behrens

Ole von Beust

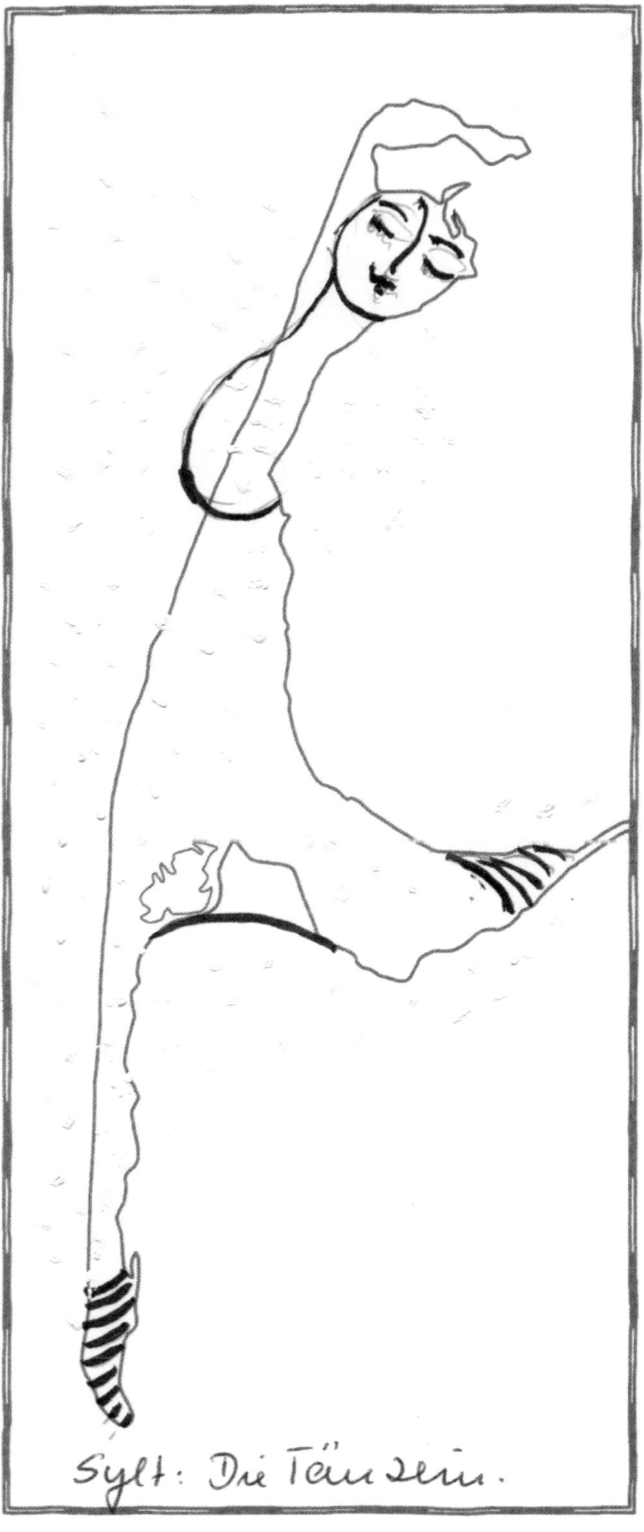

Till Bruttel

Lars Caspersen

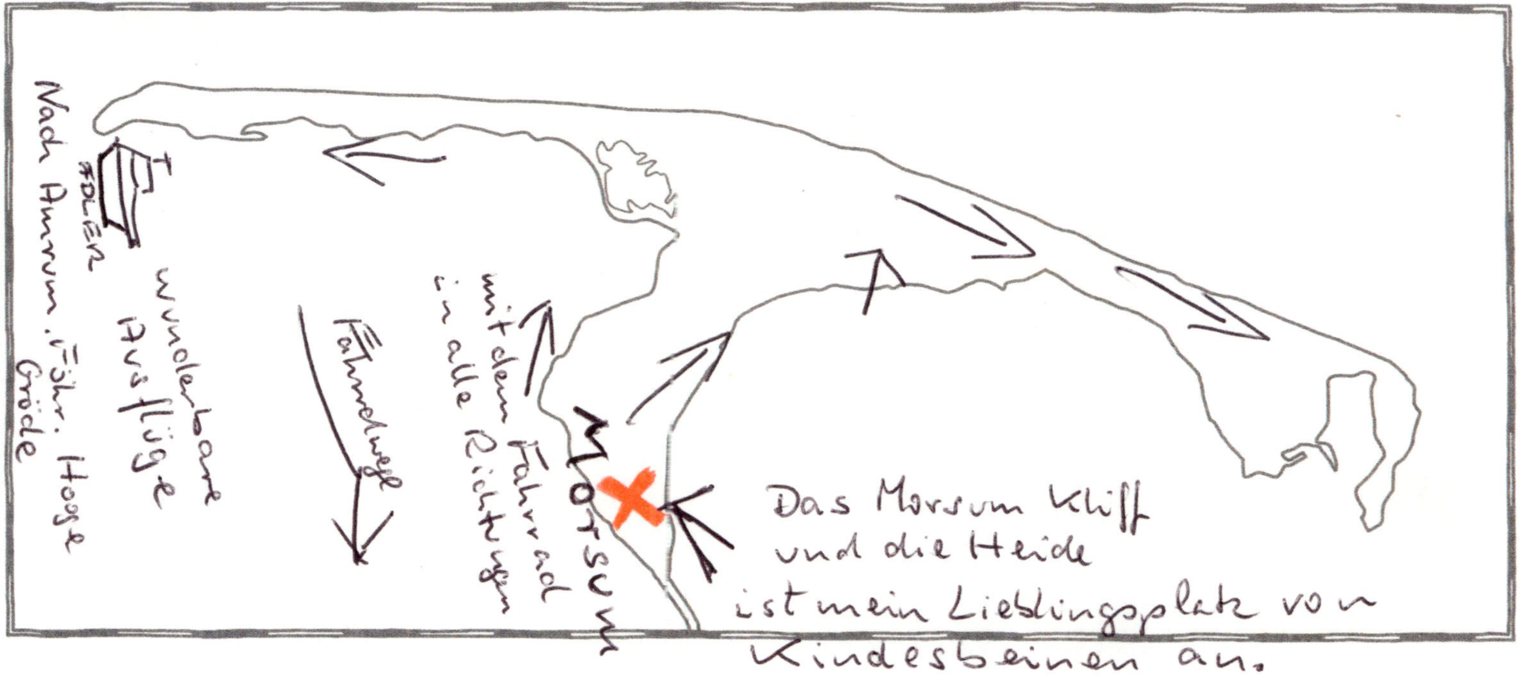

Herbert Christoph

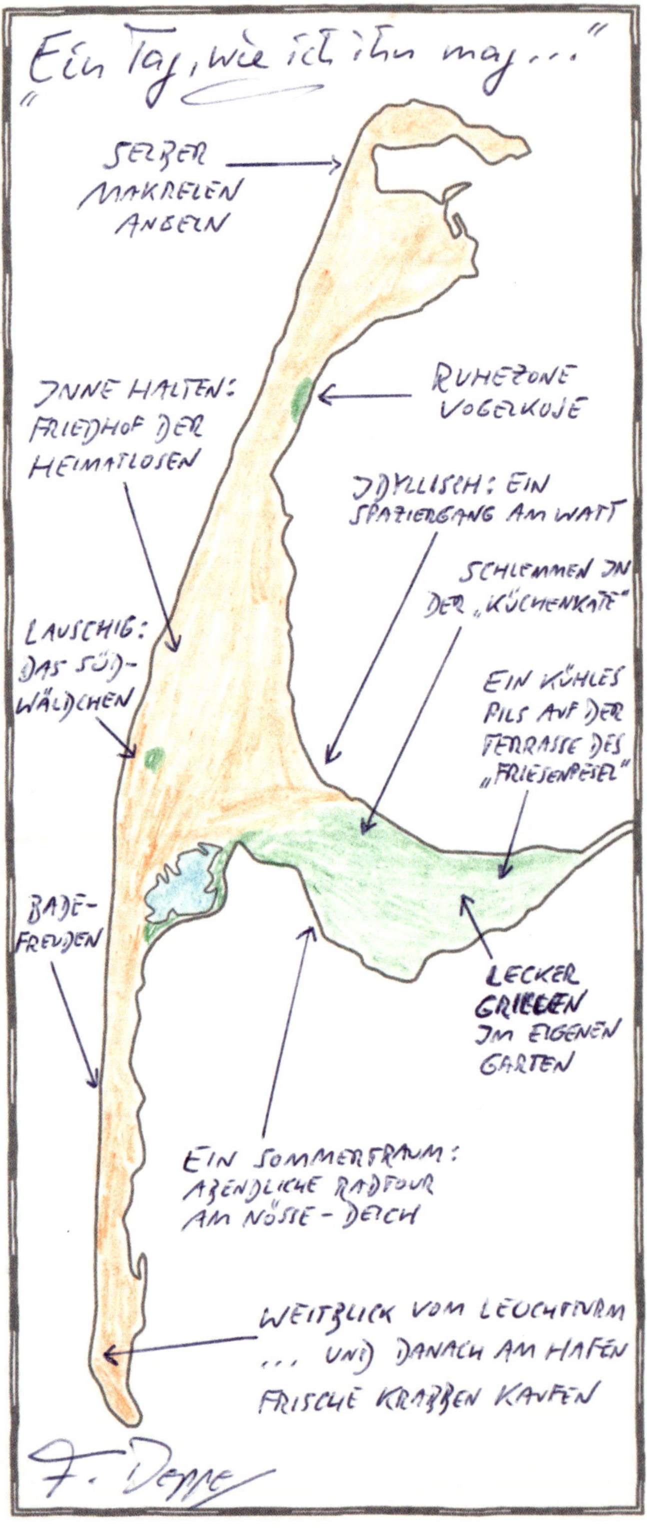
„Ein Tag, wie ich ihn mag…“
SELBER MAKRELEN ANGELN
RUHEZONE VOGELKOJE
INNE HALTEN: FRIEDHOF DER HEIMATLOSEN
IDYLLISCH: EIN SPAZIERGANG AM WATT
SCHLEMMEN IN DER „KÜCHENKATE“
LAUSCHIG: DAS SÜD-WÄLDCHEN
EIN KÜHLES PILS AUF DER TERRASSE DES „FRIESENPESEL“
BADE-FREUDEN
LECKER GRILLEN IM EIGENEN GARTEN
EIN SOMMERTRAUM: ABENDLICHE RADTOUR AM NÖSSE-DEICH
WEITBLICK VOM LEUCHTTURM … UND DANACH AM HAFEN FRISCHE KRABBEN KAUFEN
F. Deppe

Frank Deppe

Claus Dethlefs

Christine Eichel

Franzobel

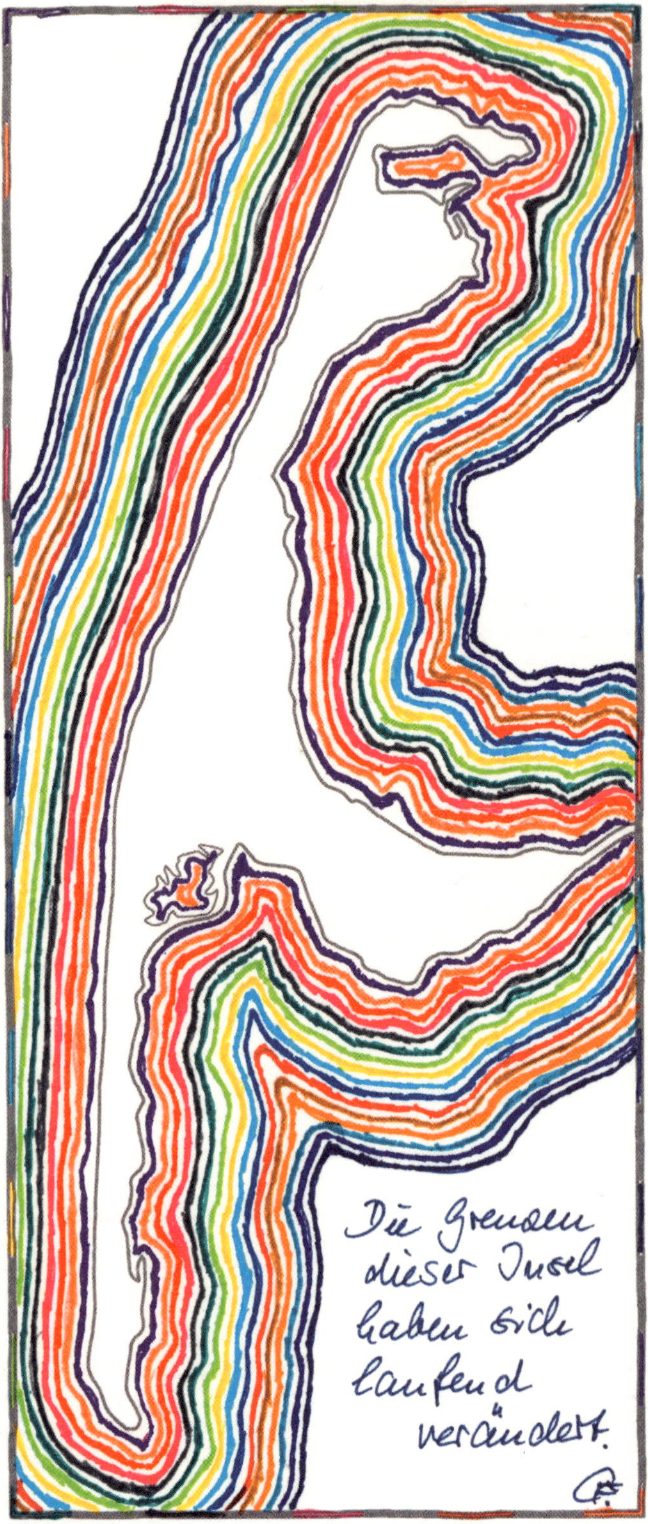

Christoph Freier

Christoph Freier

Niels–Christian Fritsche

Anne C. Fuchs

Anne C. Fuchs

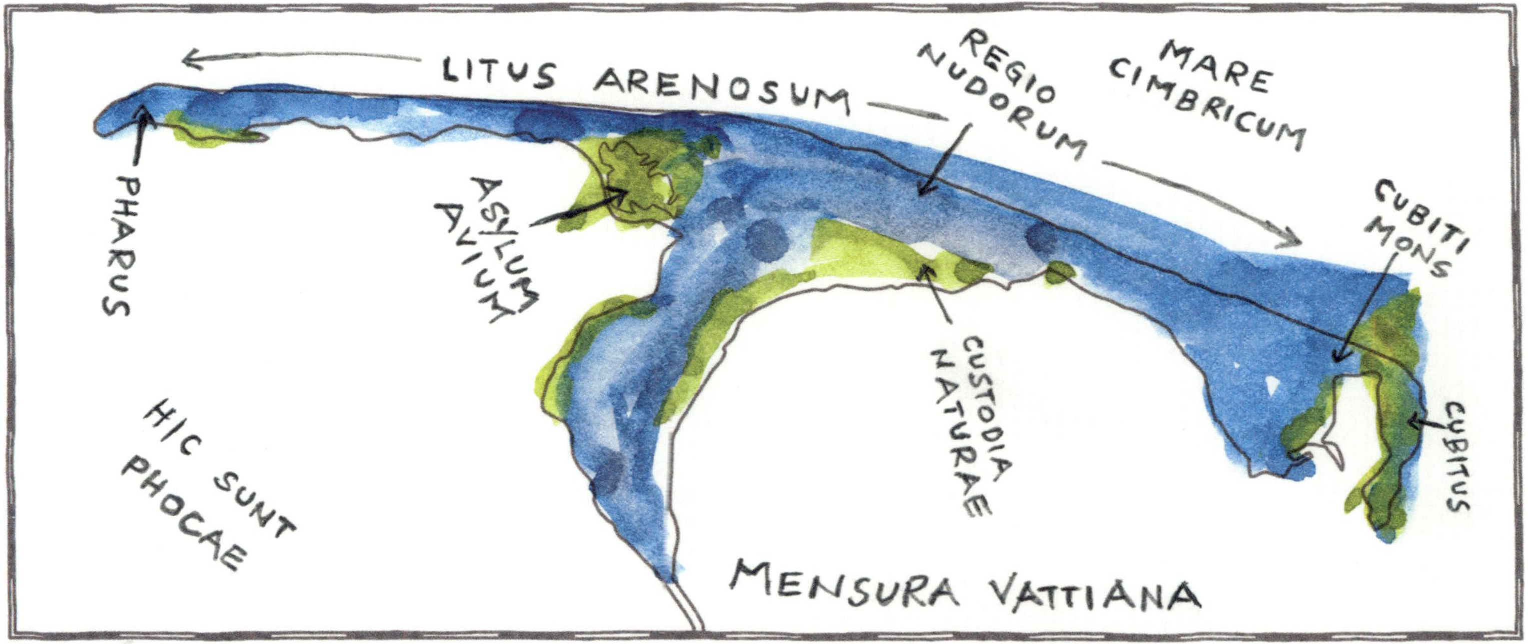

Anne C. Fuchs und Norbert Fuchs

Andacht bei Noah

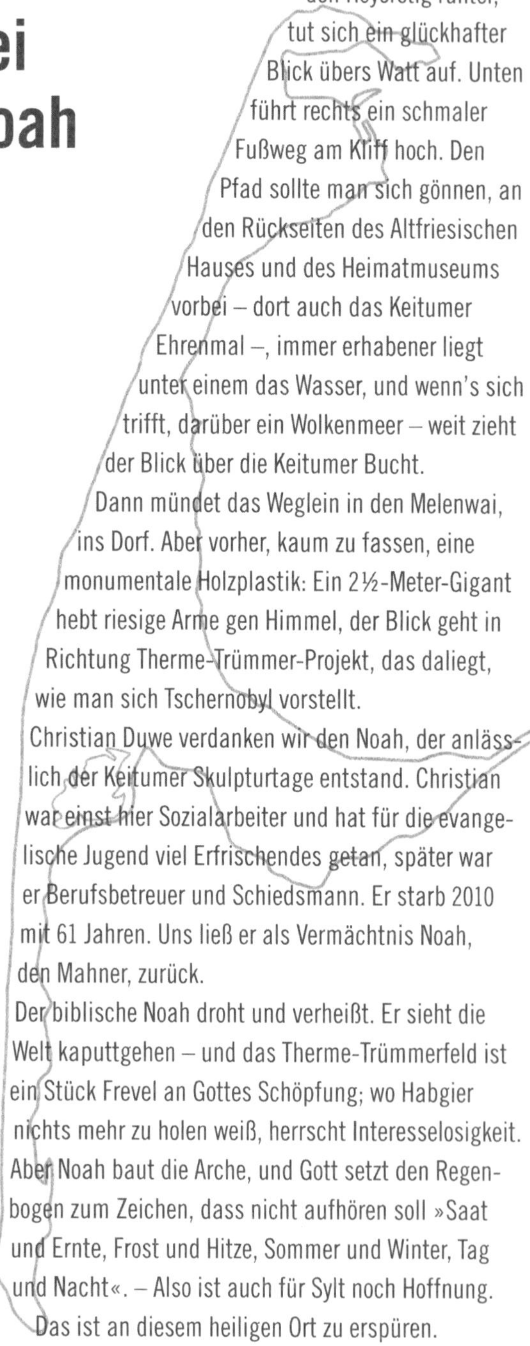

Geht man in Keitum den Hoyerstig runter, tut sich ein glückhafter Blick übers Watt auf. Unten führt rechts ein schmaler Fußweg am Kliff hoch. Den Pfad sollte man sich gönnen, an den Rückseiten des Altfriesischen Hauses und des Heimatmuseums vorbei – dort auch das Keitumer Ehrenmal –, immer erhabener liegt unter einem das Wasser, und wenn's sich trifft, darüber ein Wolkenmeer – weit zieht der Blick über die Keitumer Bucht.

Dann mündet das Weglein in den Melenwai, ins Dorf. Aber vorher, kaum zu fassen, eine monumentale Holzplastik: Ein 2½-Meter-Gigant hebt riesige Arme gen Himmel, der Blick geht in Richtung Therme-Trümmer-Projekt, das daliegt, wie man sich Tschernobyl vorstellt.

Christian Duwe verdanken wir den Noah, der anlässlich der Keitumer Skulpturtage entstand. Christian war einst hier Sozialarbeiter und hat für die evangelische Jugend viel Erfrischendes getan, später war er Berufsbetreuer und Schiedsmann. Er starb 2010 mit 61 Jahren. Uns ließ er als Vermächtnis Noah, den Mahner, zurück.

Der biblische Noah droht und verheißt. Er sieht die Welt kaputtgehen – und das Therme-Trümmerfeld ist ein Stück Frevel an Gottes Schöpfung; wo Habgier nichts mehr zu holen weiß, herrscht Interesselosigkeit. Aber Noah baut die Arche, und Gott setzt den Regenbogen zum Zeichen, dass nicht aufhören soll »Saat und Ernte, Frost und Hitze, Sommer und Winter, Tag und Nacht«. – Also ist auch für Sylt noch Hoffnung. Das ist an diesem heiligen Ort zu erspüren.

Traugott Giesen

Dieter Glasmacher

Jan Gosewisch

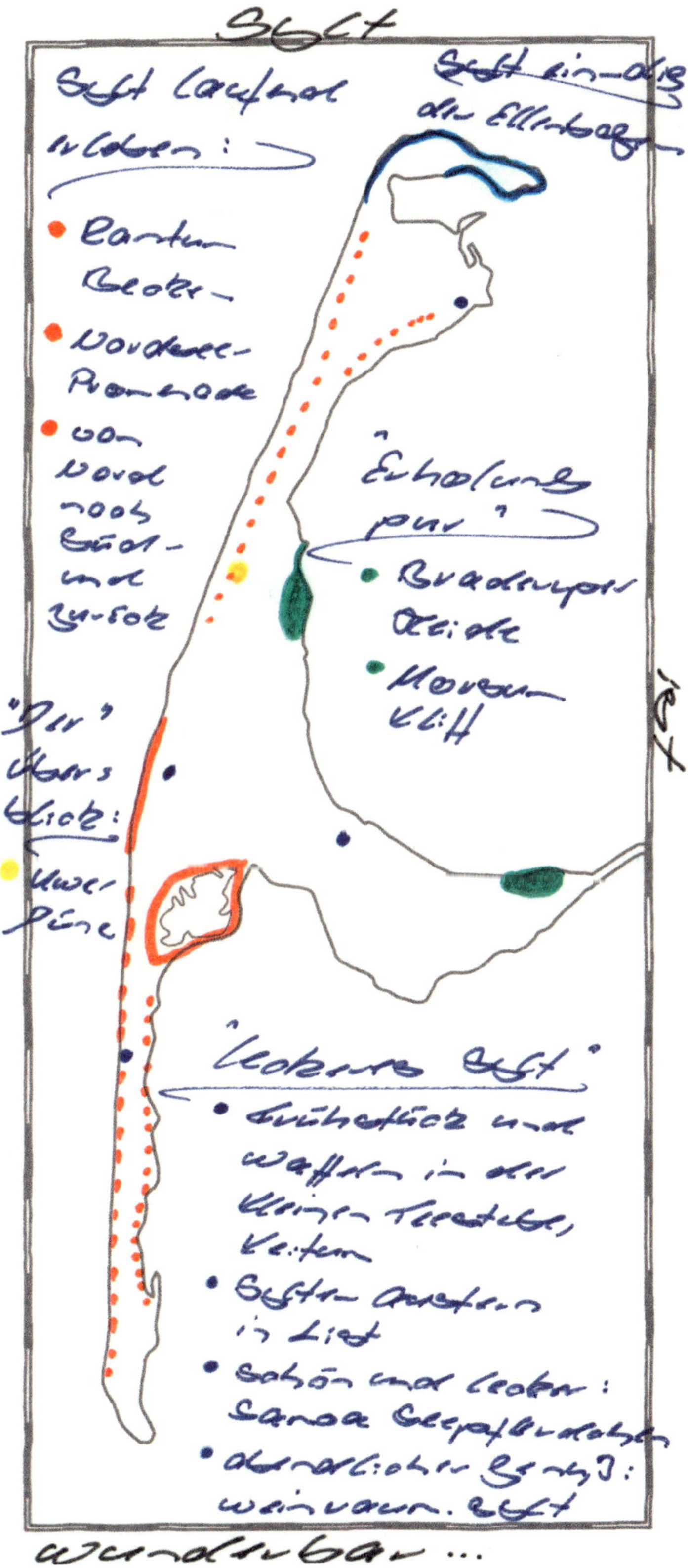

Nikolas Häckel

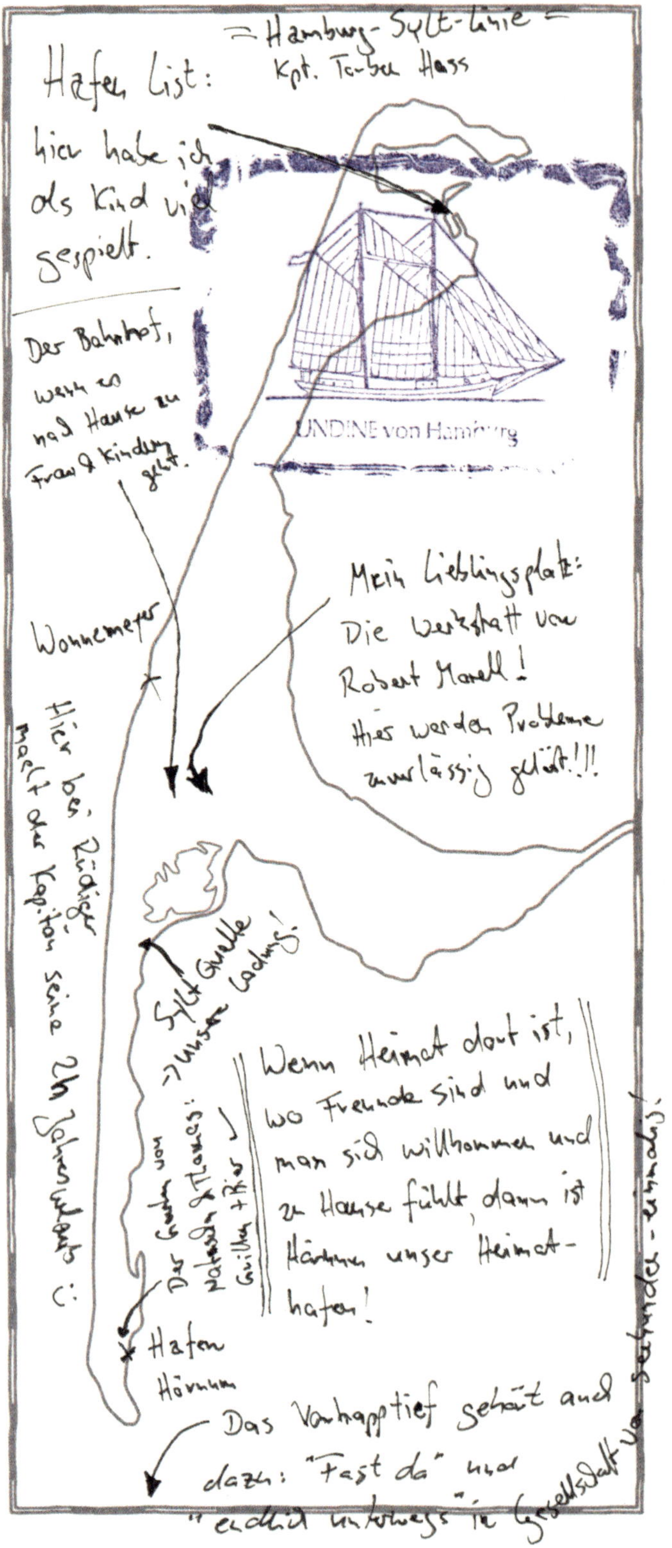
= Hamburg-Sylt-Linie =
Kpt. Torben Hass
Hafen List:
hier habe ich als Kind viel gespielt.
Der Bahnhof, wenn es nach Hause zu Frau & Kindern geht.
UNDINE von Hamburg
Wonnemeyer
Mein Lieblingsplatz: Die Werkstatt von Robert Marell! Hier werden Probleme zuverlässig gelöst!!!
Hier bei Rüdiger macht der Kapitän seine 2h Jahresurlaub :)
Sylt Quelle → unsere Ladung!
Der Garten von Natascha & Thomas!
Hafen Hörnum
Wenn Heimat dort ist, wo Freunde sind und man sich willkommen und zu Hause fühlt, dann ist Hörnum unser Heimathafen!
Das Vortrapptief gehört auch dazu: "Fast da" und "endlich unterwegs" in Gesellschaft von Seehunden - einmalig!

Torben Hass

Ellenbogen
Der schönste Fleck der Welt – man kann da den Himmel küssen!
Dora Heldt

Dora Heldt

Inge Henke

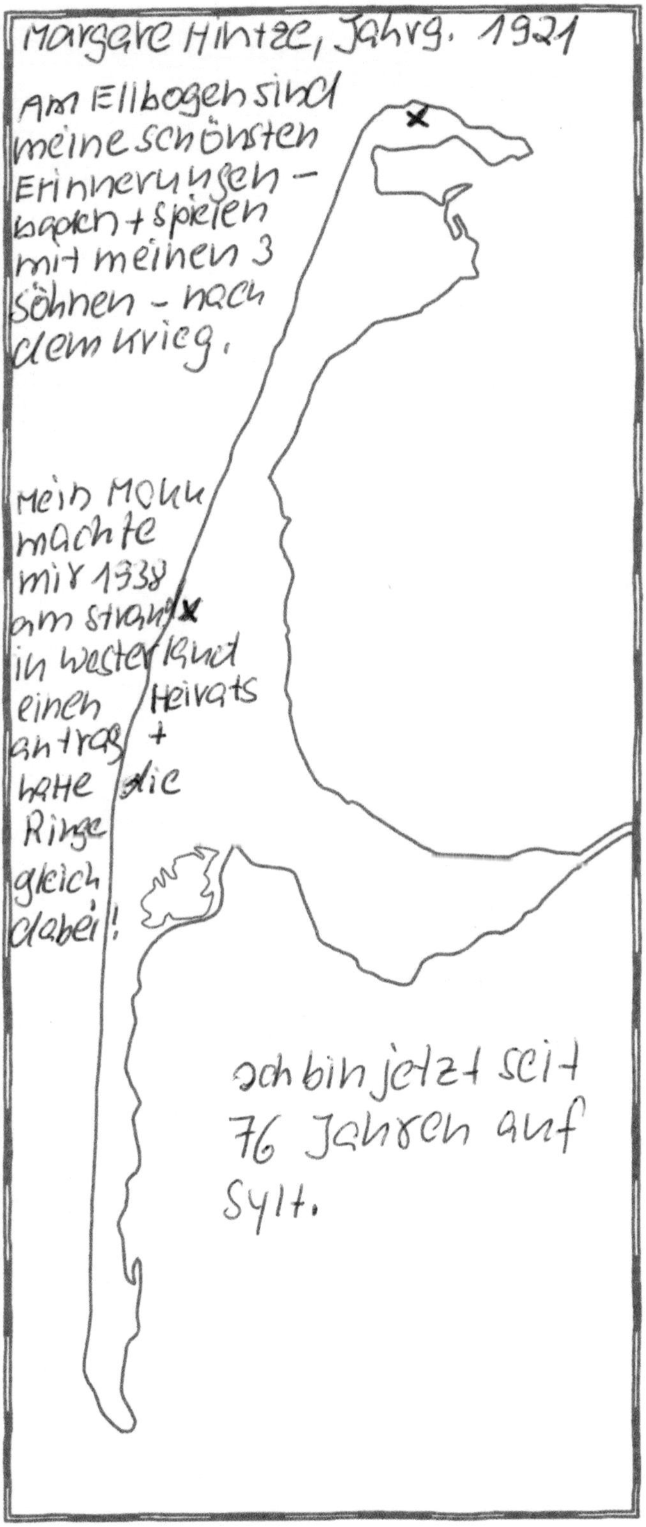

Margarete Hintze

Janna Hönscheid

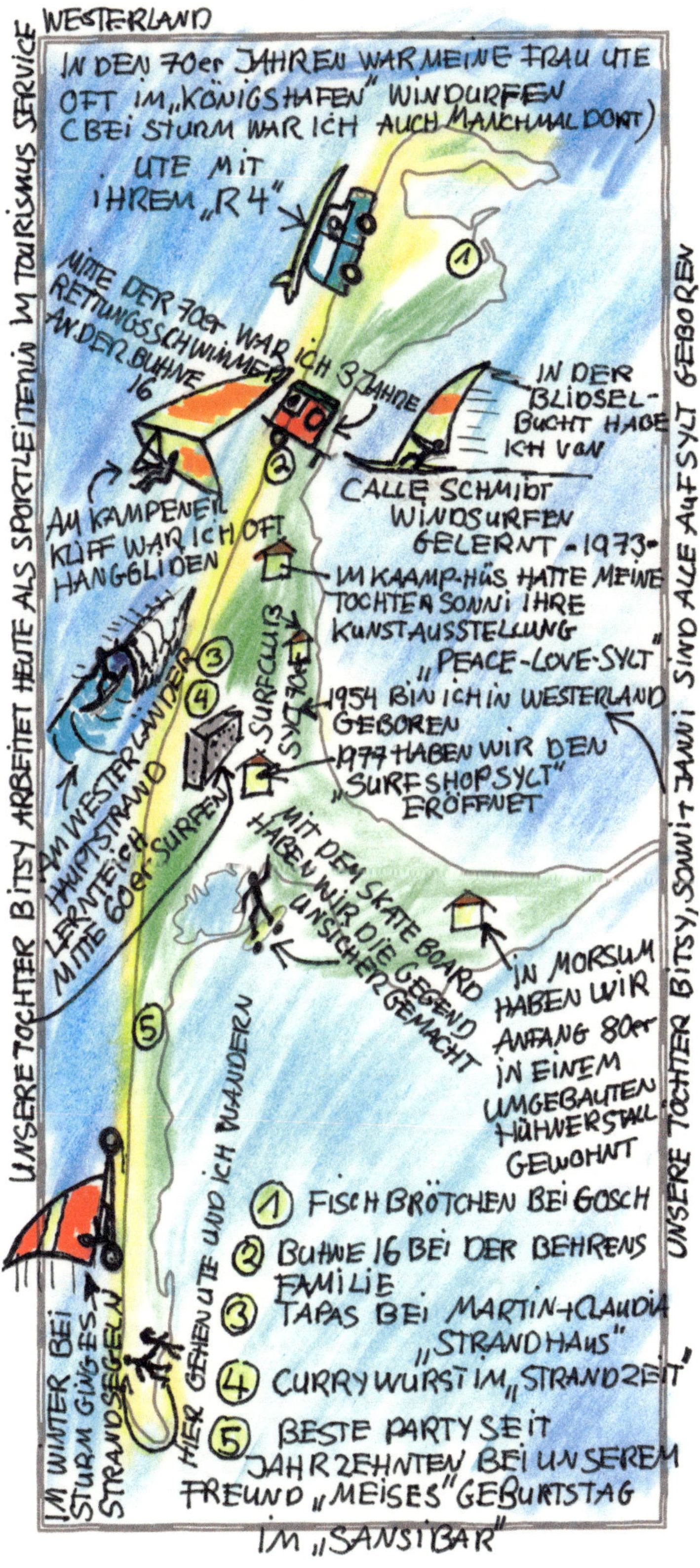

Jürgen Hönscheid

PEACE-LOVE-SYLT

Sonni Hönscheid

Birgit Hussel

Birgit Hussel

Claas Janssen

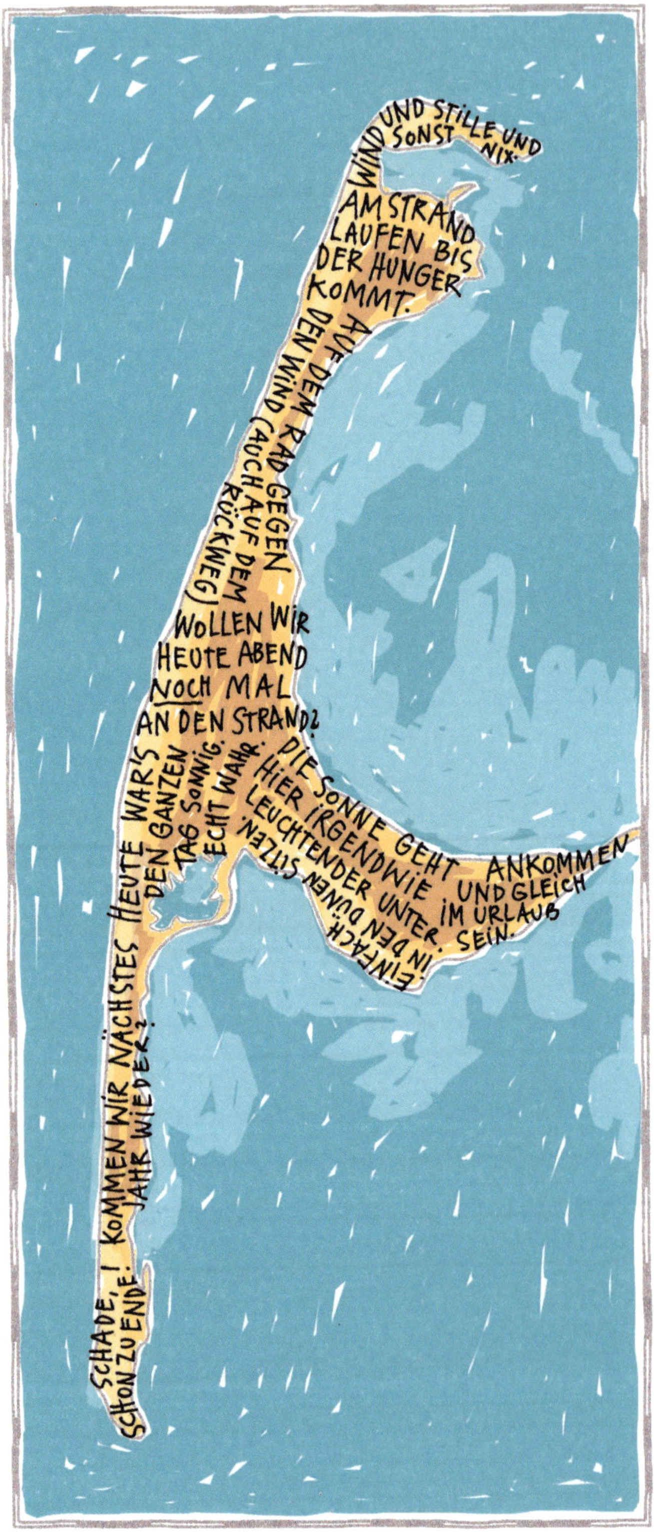

Claas Janssen

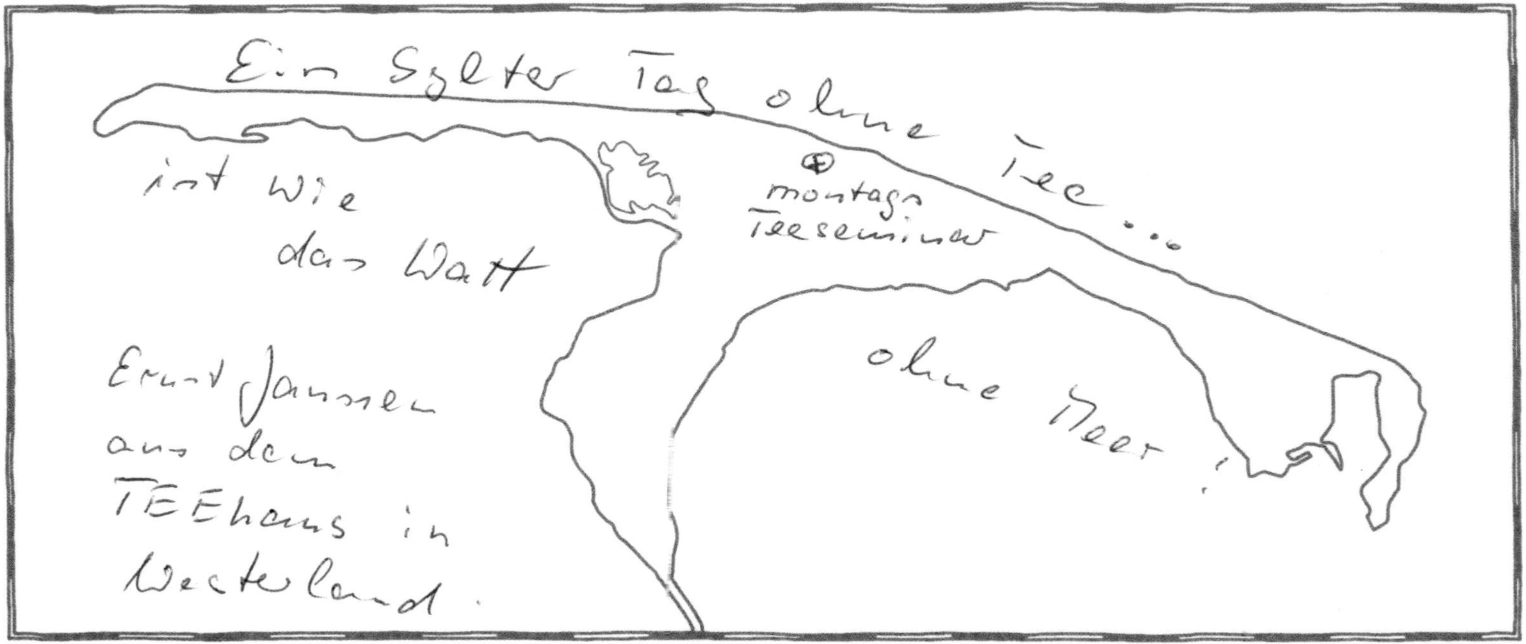

Ernst Janssen

Henrike Jaroschek

Helge Jepsen

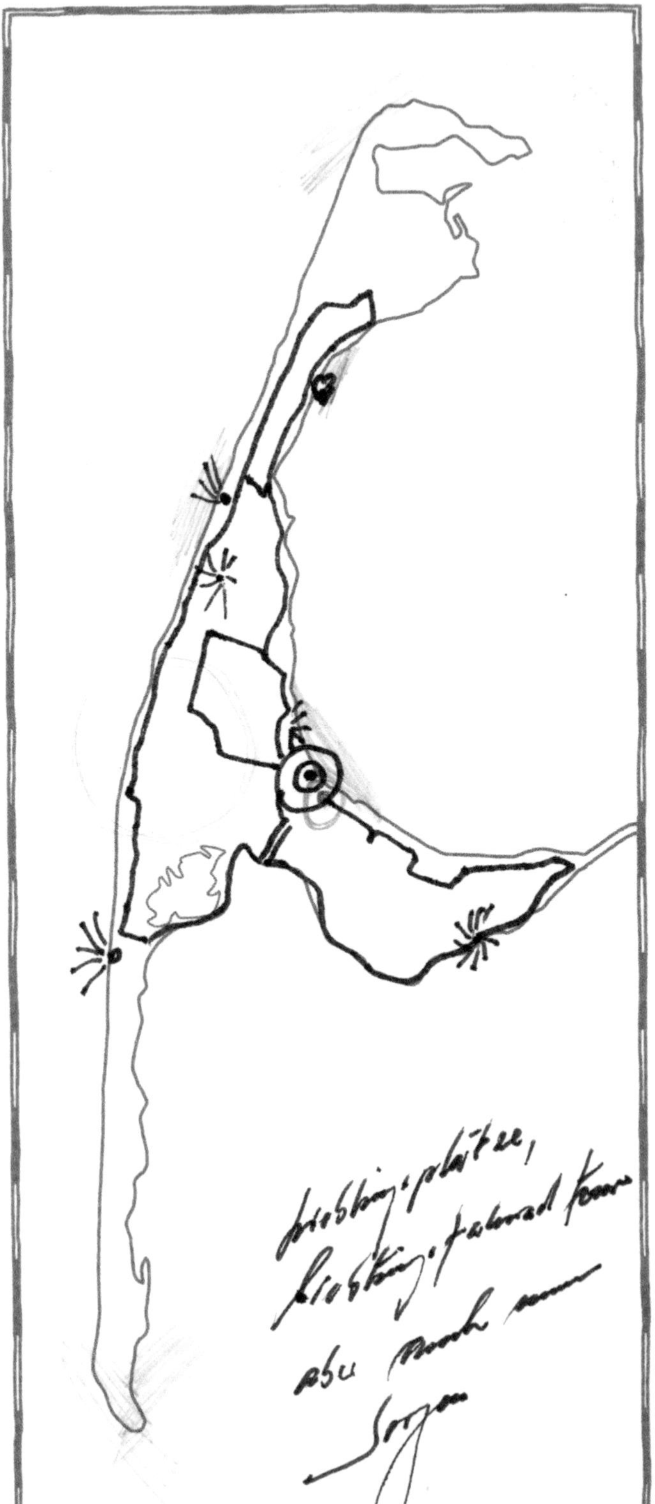

Claas-Erik Johannsen

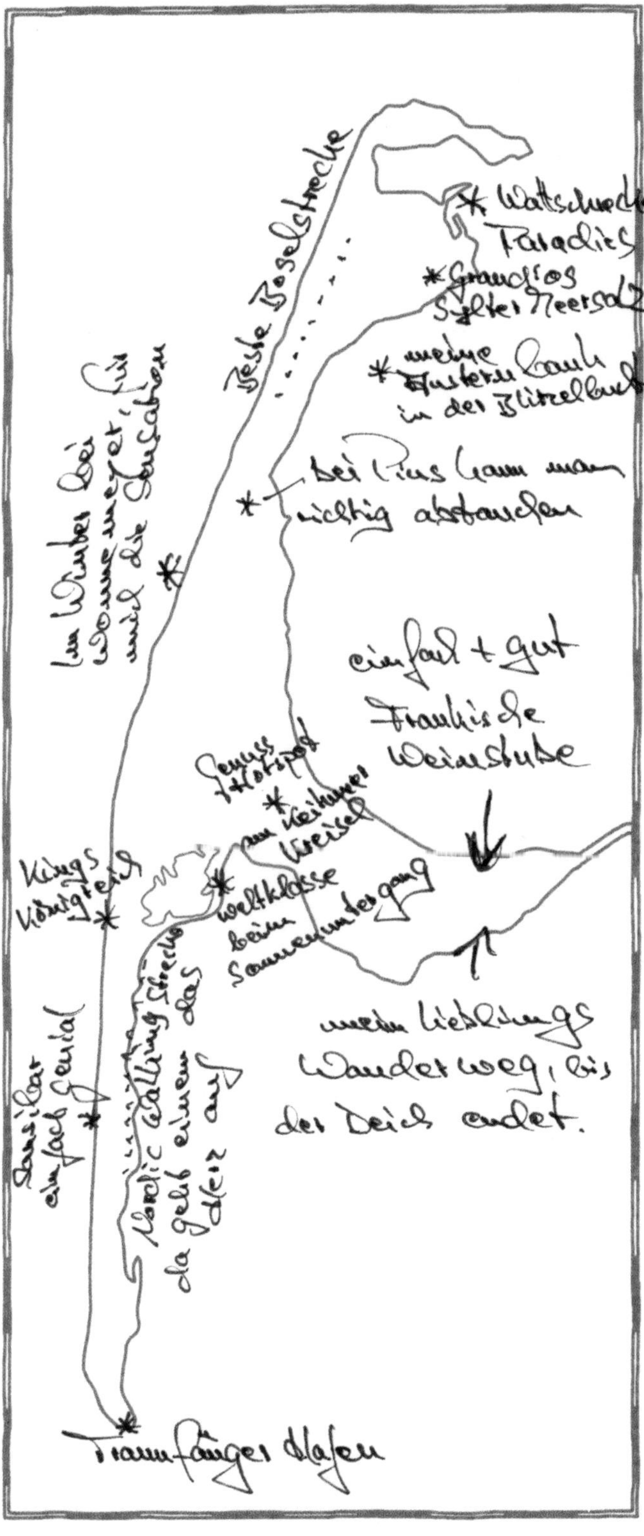

Johannes King

Tede Louis Klint

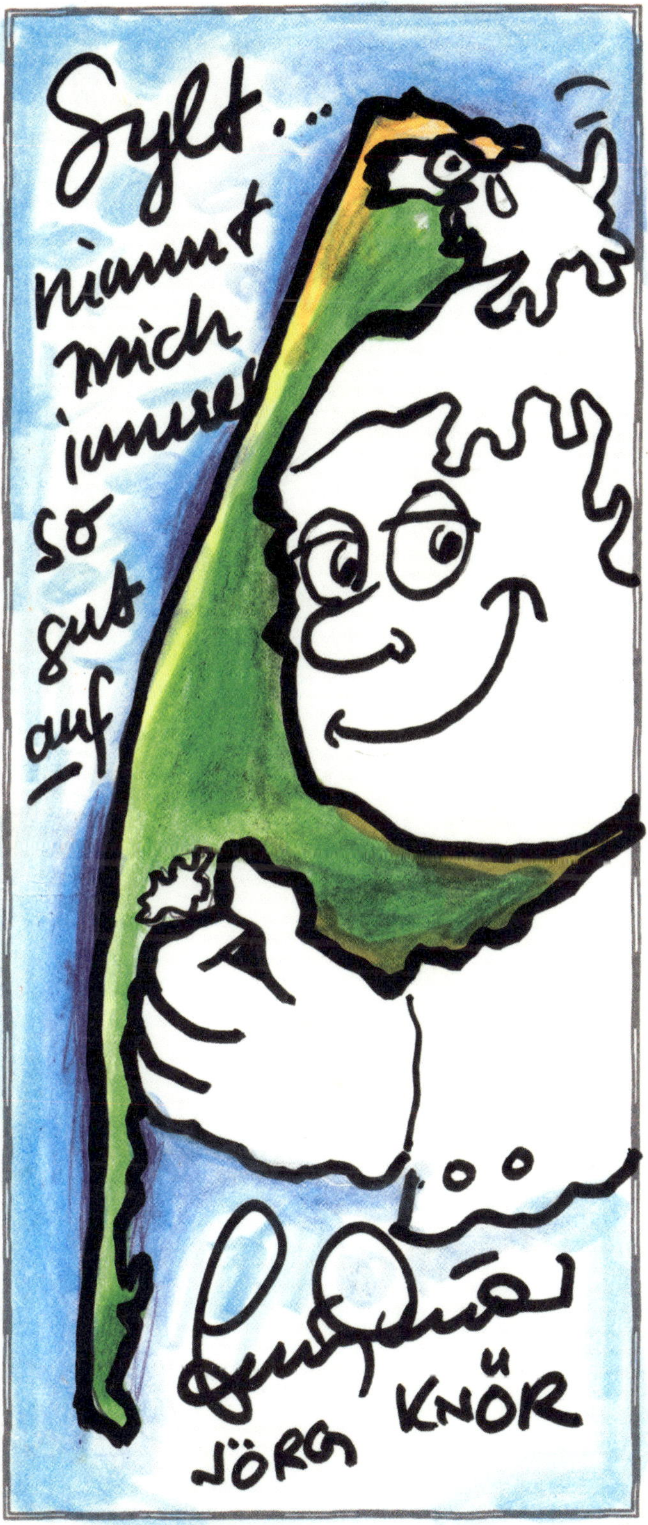
Sylt …
nimmt
mich
immer
so
gut
auf
JÖRG KNÖR

Jörg Knör

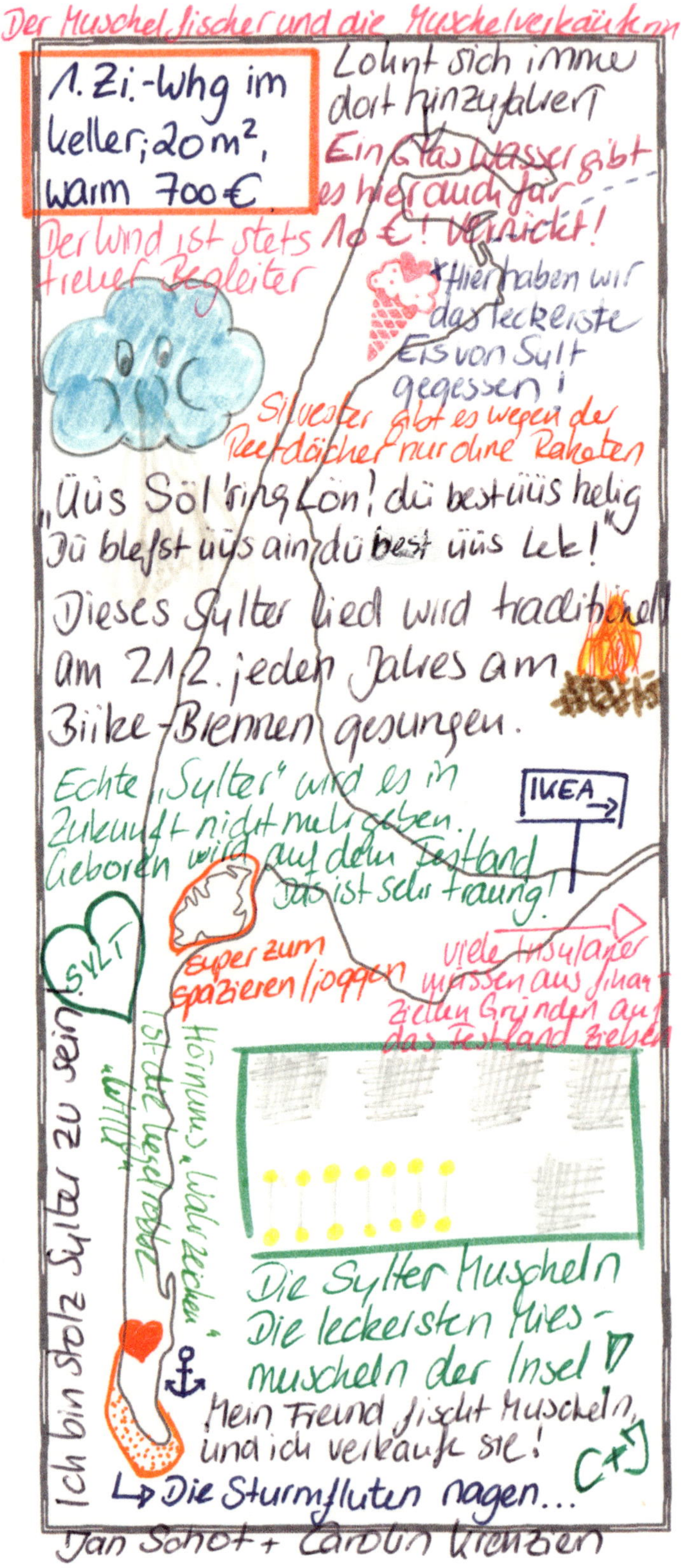

Carolin Krenzien und Jan Schot

Judith Kuckart und Alexandra Hoch

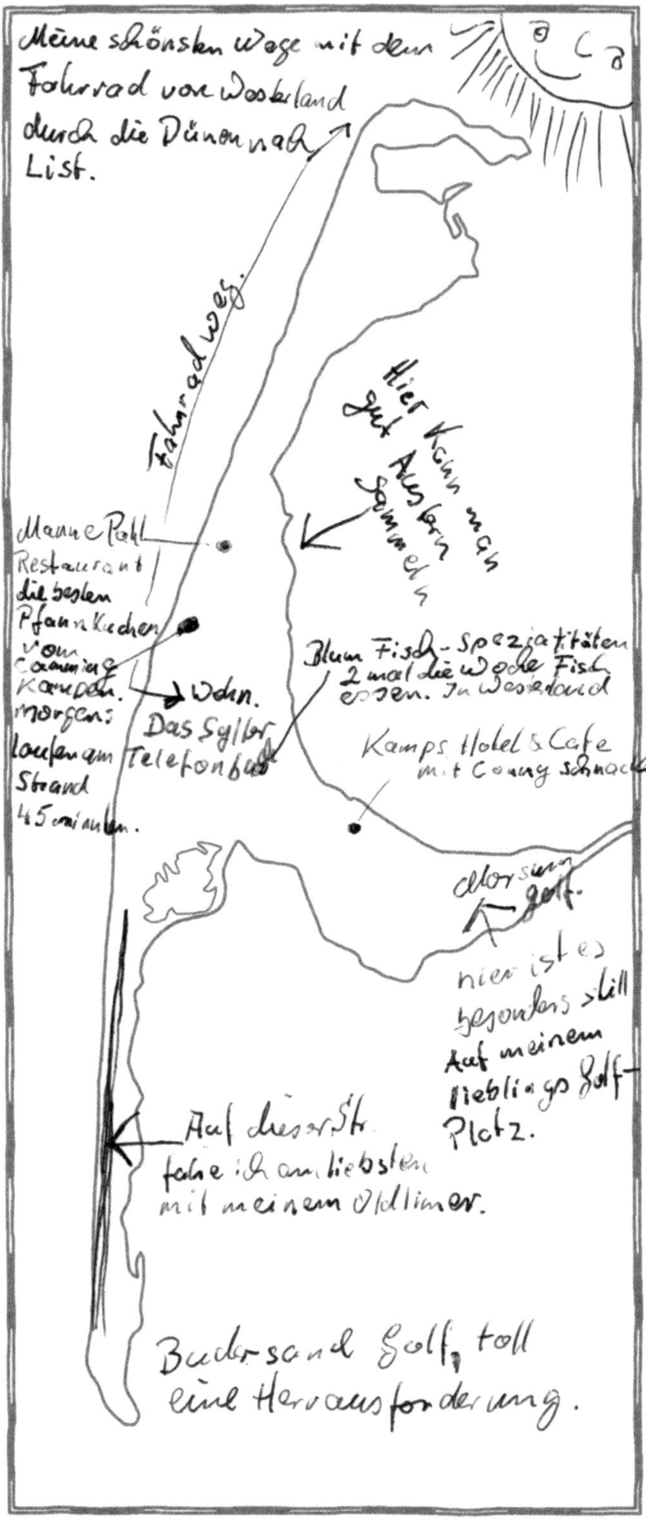

Meine schönsten Wege mit dem Fahrrad von Westerland durch die Dünen nach List.
Fahrradweg.
Hier kann man gut Austern schmecken
Manne Pahl Restaurant die besten Pfannkuchen
vom Camping Kampen. morgens laufen am Strand 45 minuten.
Wdn. Das Sylter Telefonbuch
Blum Fisch-spezialitäten 2 mal die Woche Fisch essen. In Westerland
Kamps Hotel & Cafe mit Conny schnacken
Morsum Golf.
hier ist es besonders still
Auf meinem Lieblings Golf-Platz.
Auf dieser Str. fahre ich am liebsten mit meinem Oldtimer.
Budersand Golf, toll eine Herausforderung.

Max Kühne

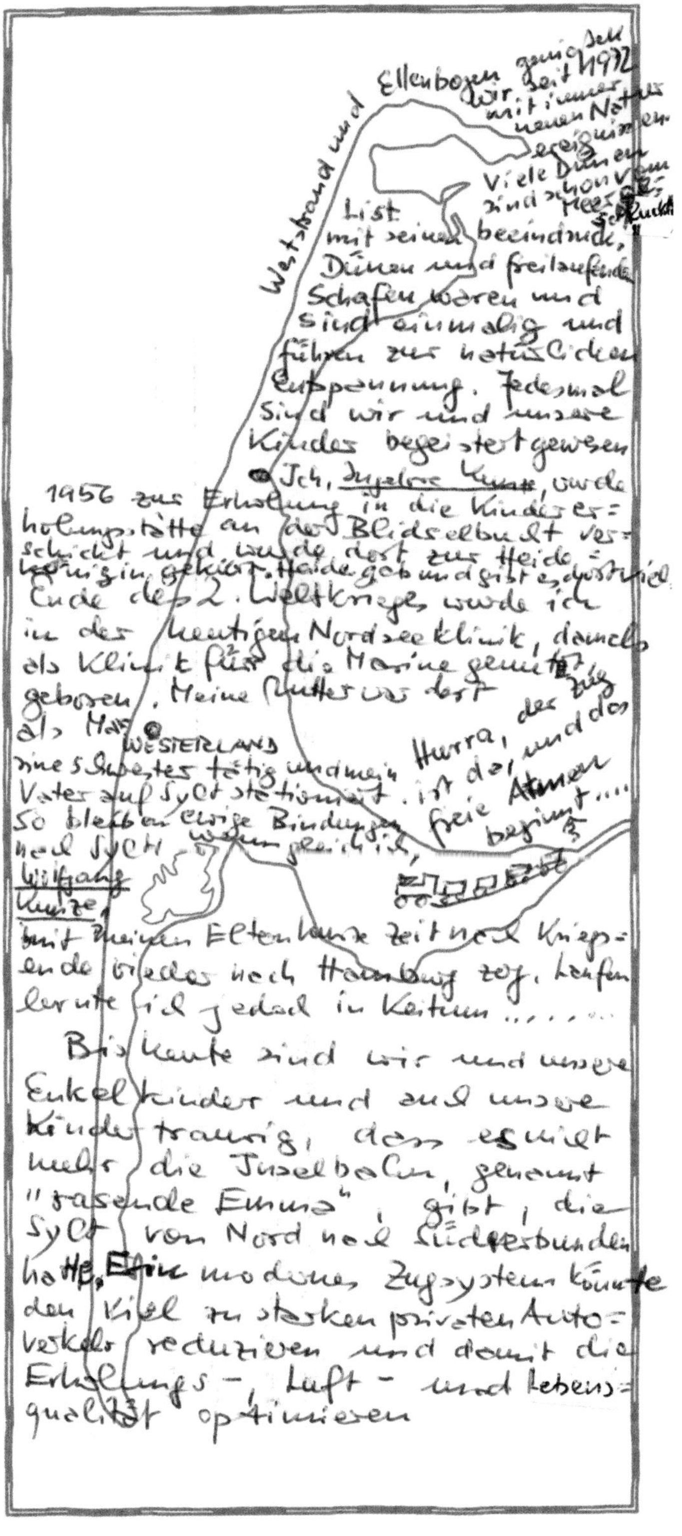

Wolfgang Kunze

Thomas Landt

Florian Lanz

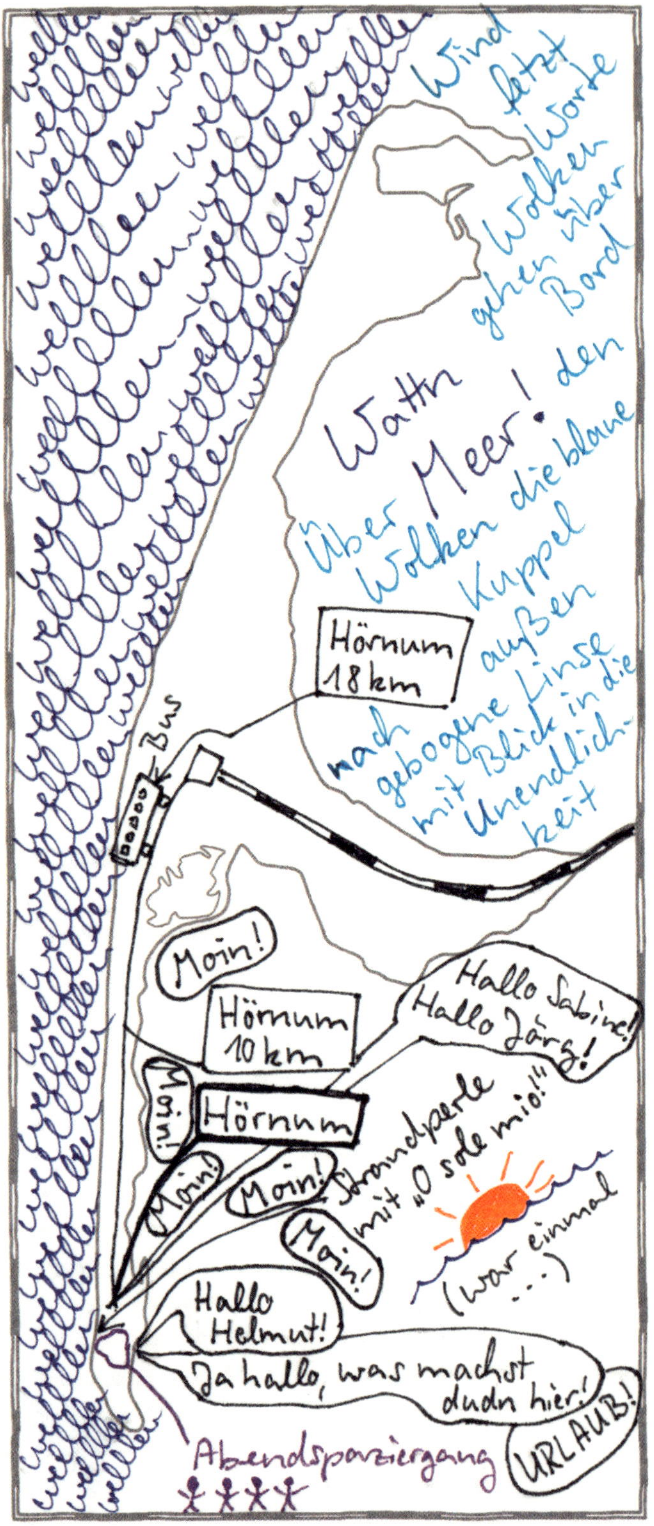

Regina Louis

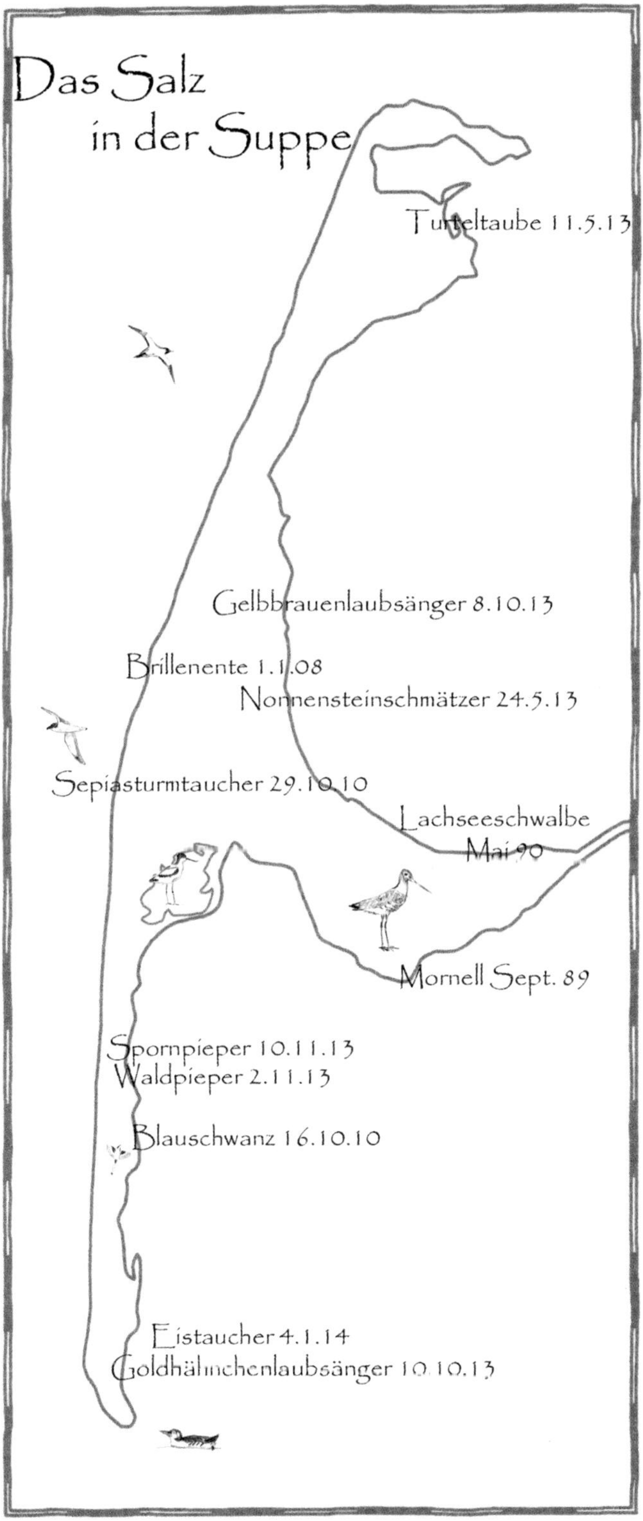

Thomas Luther

Silja Miekley

Robert Morell

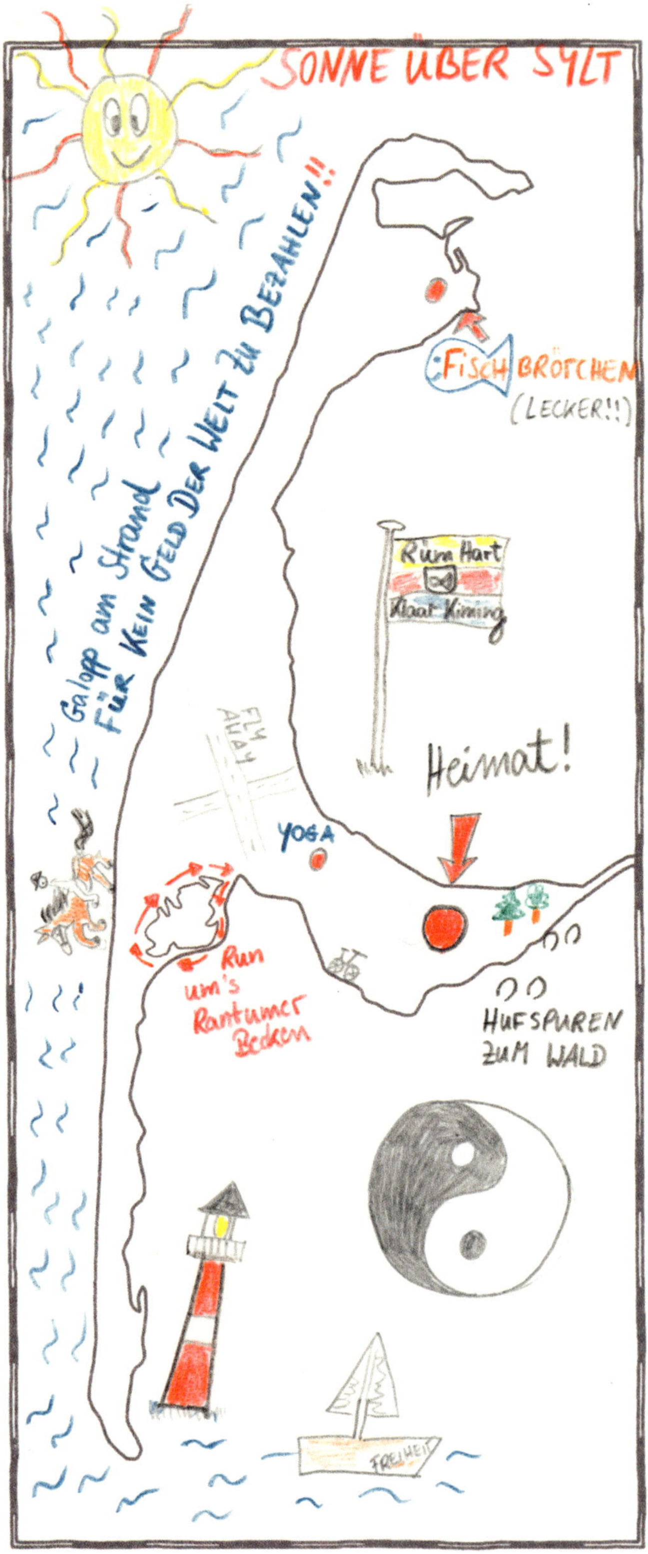

Claudia Nagel

Natur Gewalten
Strand
I
Meine Neue Schule (KL.4)
Fußball
Ich wohne gerne in
I
MORSUM
Hier fahre ich Skateboard

Toni Nagel

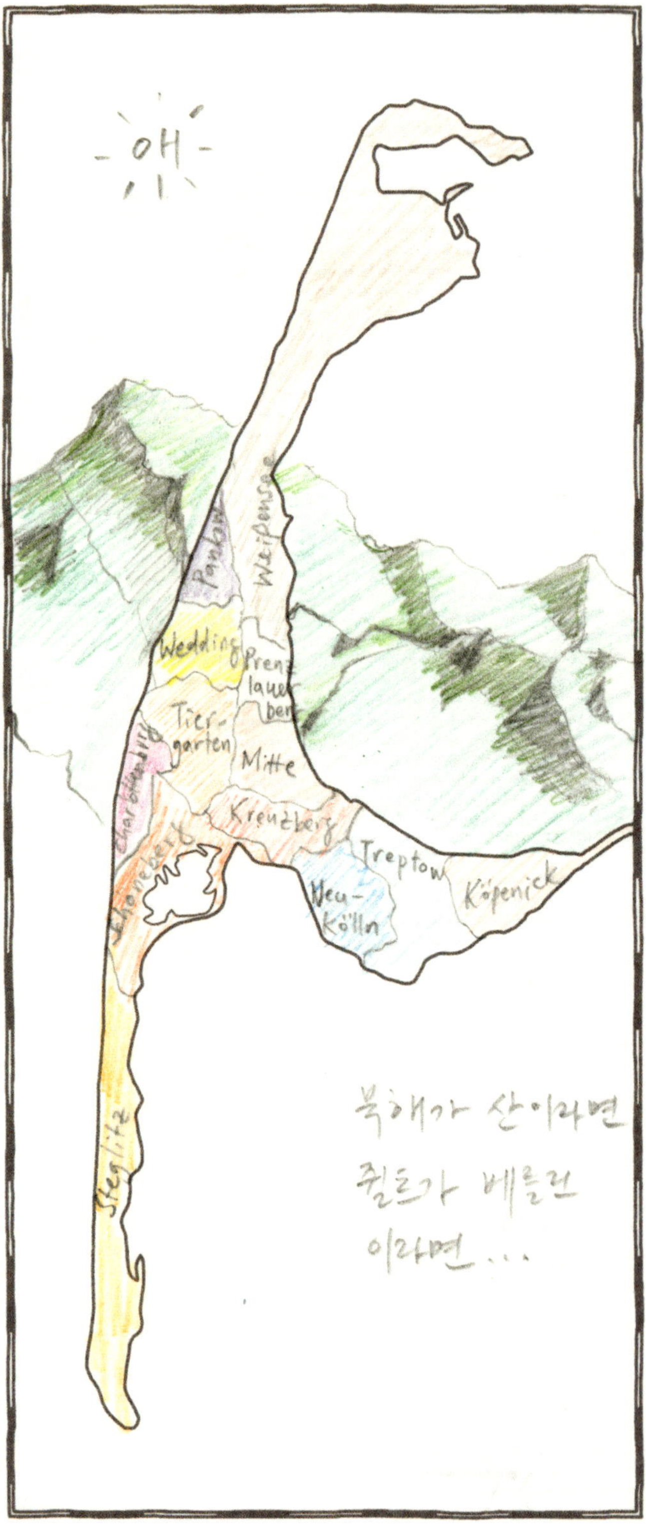
OH
Weißensee
Wedding
Prenz
lauer
berg
Tier-
garten
Mitte
Kreuzberg
Treptow
Köpenick
Neu-
kölln
Steglitz
북해가 산이라면
쥘트가 베를린
이라면...

Setbyol Oh

Steine auf Sylt gefunden:
Granite, Gneise, Feuersteine
aus Skandinavien
mit den Eiszeiten
hergeschoben
Goldschmiede
Morsum
Ich säge die Steine, forme sie
beim Schleifen und poliere die
Oberfläche. Dann arbeite ich
Ringe, Anhänger oder Ohrschmuck
aus ihnen.

Edda Raspé

Sylt ist eine der schönsten Inseln der Welt! Die Insel Sylt hat mir 1973 das Leben gerettet. Notlandung mit einer Cessna, ich war erst 6, schlimmster Sturm, Sylt war die Rettung. Dank!

Moritz Rinke

Frank Rosemann

Isabel Schaber-Vallese

Anne Schacht

Manfred Schaeffner und Isabel Schaber-Vallese

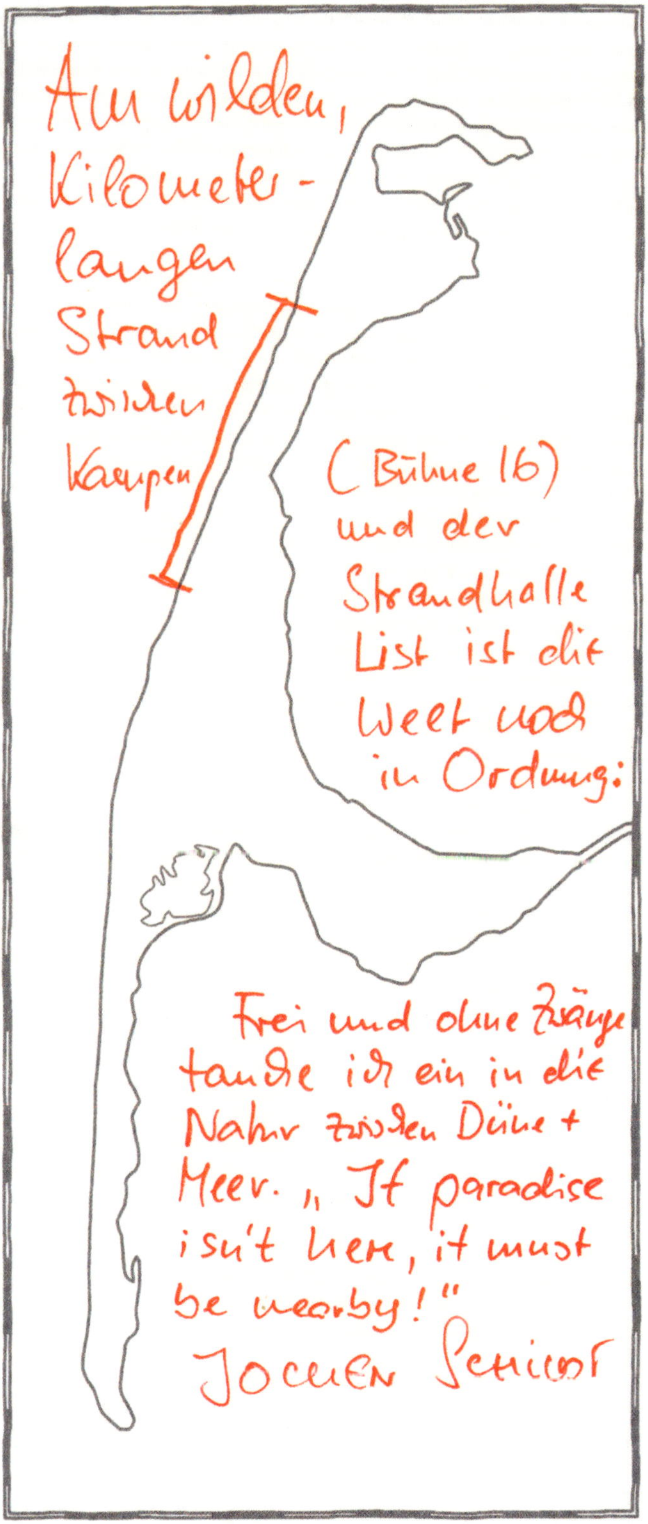

Jochen Schildt

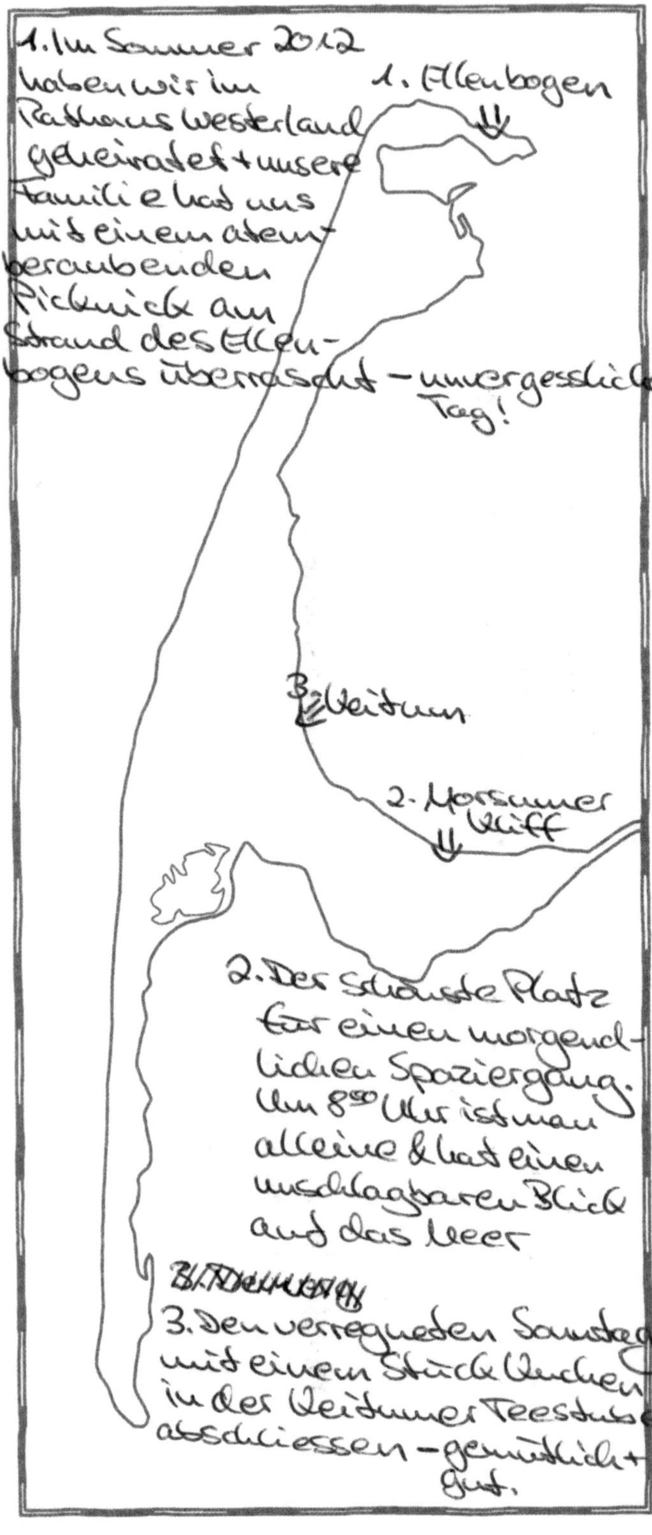

Melanie Schneider

Amrei Schnock

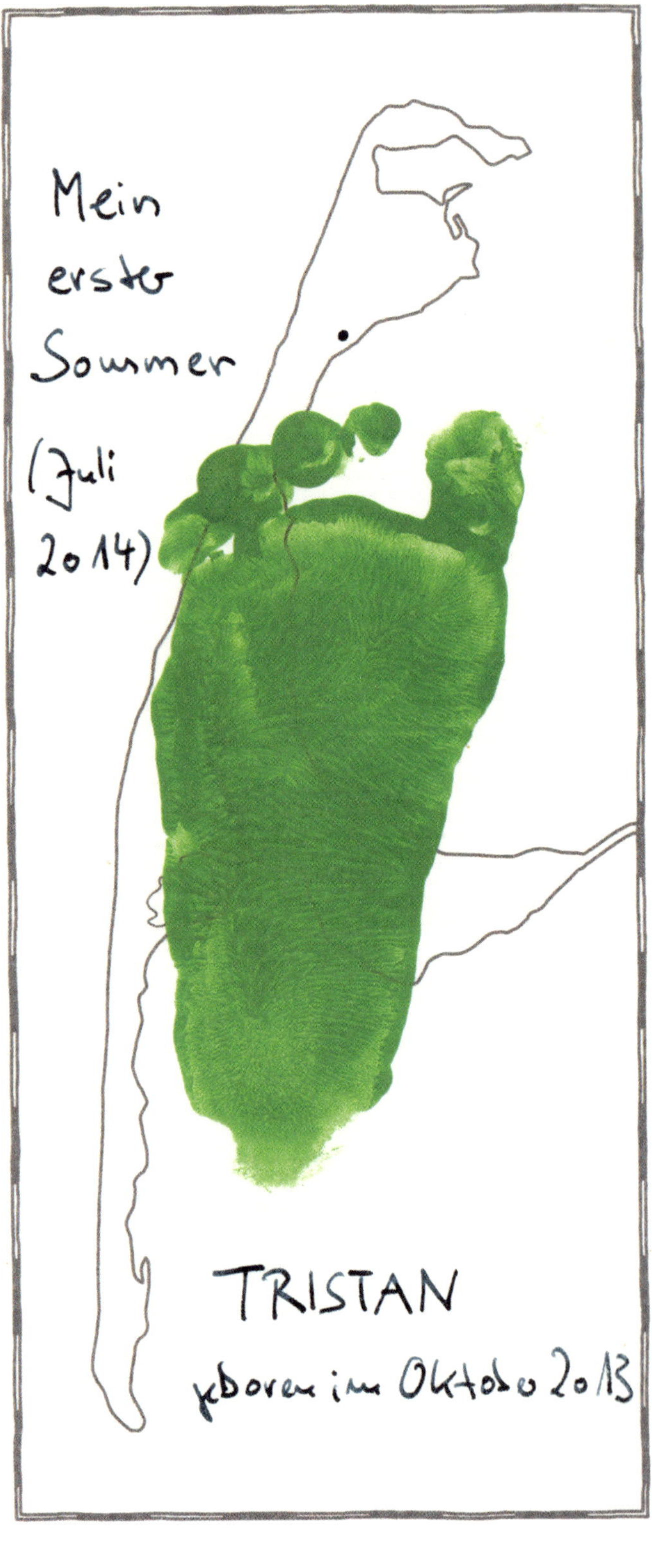

Tristan Schoelling

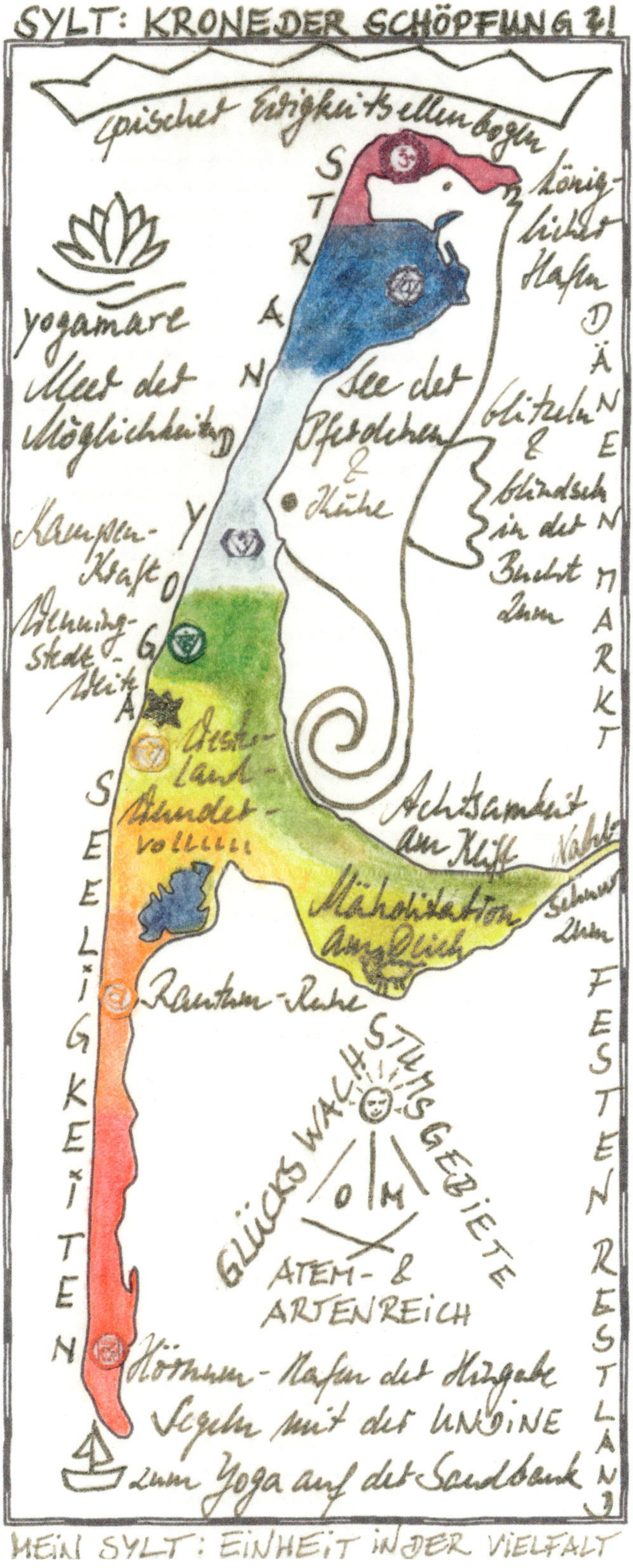

Maren Schulz

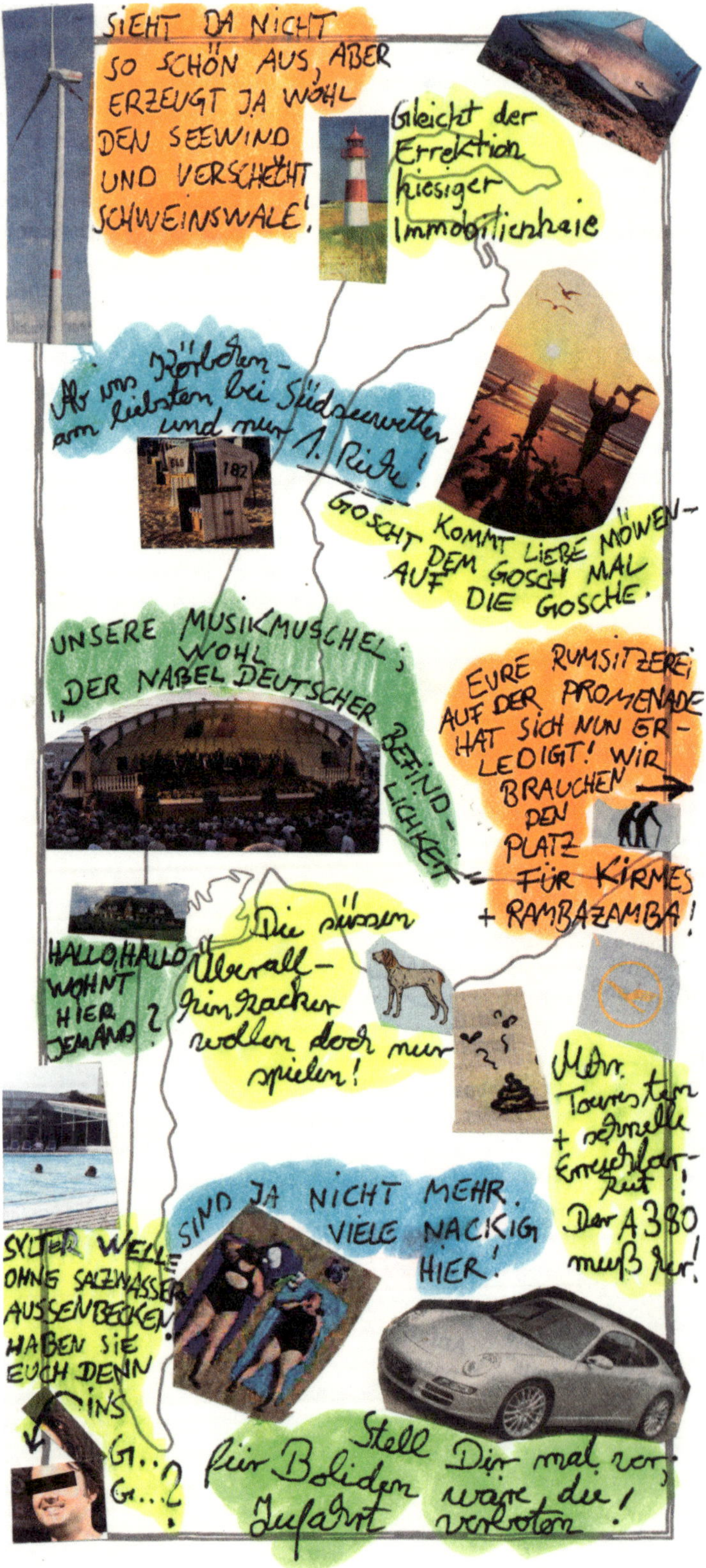

Mathias Tognino

Miriam Wania

Andreas Weber

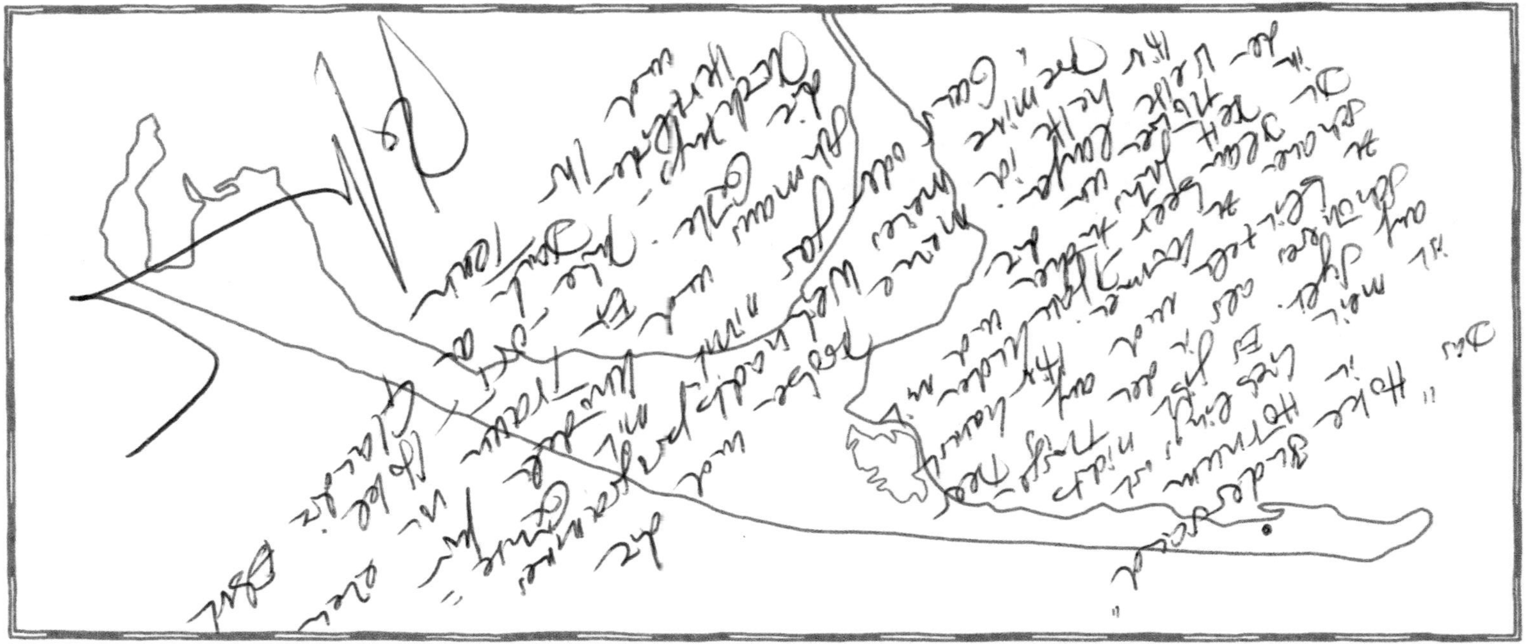

Pe Werner

Hans-Jürgen Westphal

Janine Wiegand

Janine Wiegand

Gernot Wolfram

Manuela Wossowski

DIE BEITRÄGER

Uwe Behrens – Gründer Buhne 16, Westerland
Ole von Beust – Rechtsanwalt, Hamburg
Till Bruttel – Töpfer, Keitum
Lars Caspersen – Naturschützer, Mannheim
Herbert Christoph – führt die Fränkischen Weinstuben in Morsum
Frank Deppe – Journalist, Morsum
Claus Dethlefs – Seehundjäger, List
Christine Eichel – Journalistin und Schriftstellerin, Berlin
Franzobel – Schriftsteller, Inselschreiber, Wien
Christoph Freier – Goldschmied, Keitum
Niels-Christian Fritsche – Architekturprofessor, Dresden
Anne C. Fuchs – Lehrerin, Korlingen
Norbert Fuchs – Lehrer, Korlingen
Traugott Giesen – Pfarrer i. R., Keitum
Dieter Glasmacher – Maler, Wischhafen
Jan Gosewisch – Stadtführer und Musiker, Hamburg
Nikolas Häckel – Bürgermeister der Gemeinde Sylt (ab 1. Mai 2015), Westerland
Torben Hass – Kapitän, Flensburg
Dora Heldt – Schriftstellerin, Hamburg und Sylt
Inge Henke – führt das Haus Rechel, Kampen
Margarete Hintze – Rentnerin, Westerland
Alexandra Hoch – Schülerin, Pfullingen
Janna Hönscheid – Model und Surferin, Fuerteventura und Westerland
Jürgen Hönscheid – Windsurf-Profi, Fuerteventura und Westerland
Sonni Hönscheid – Künstlerin und Surferin, Fuerteventura und Westerland
Birgit Hussel – Biologin und Wattführerin, Westerland
Claas Janssen – Illustrator, Frankfurt am Main
Ernst Janssen – Teehaus Ernst Janssen, Westerland
Henrike Jaroschek – Naturschützerin, Bielefeld
Helge Jepsen – Illustrator, Essen
Claas-Erik Johannsen – führt den Benen-Diken-Hof in Keitum
Johannes King – Sternekoch im Söl'ring Hof, Rantum
Tede Louis Klint – Schüler, Tinnum

Jörg Knör – Entertainer, Hamburg
Carolin Krenzien – Feuerwehrfrau, Hörnum
Judith Kuckart – Schriftstellerin, Inselschreiberin, Berlin
Max Kühne – Künstler, Westerland
Wolfgang Kunze – Dipl.-Finanzwirt, Reinbek
Thomas Landt – Maler, Kampen
Florian Lanz – Pressesprecher, Berlin
Regina Louis – Korrekturleserin, Hamburg
Thomas Luther – Augenarzt, Westerland
Silja Miekley – Rechtsanwältin, Düsseldorf
Robert Morell – Metallbauer, Tinnum
Ulla Mothes – Lektorin und Autorin, Berlin
Claudia Nagel – Familienbetrieb Fränkische Weinstuben, Morsum
Toni Nagel – Schüler, Morsum
Setbyol Oh – Lichtdesignerin, Keitum und Berlin
Edda Raspé – Goldschmiedin, Morsum
Moritz Rinke – Dramatiker und Romancier, Inselschreiber, Berlin
Frank Rosemann – Verleger, Tinnum
Isabel Schaber-Vallese – Galerie Mensing, Westerland und Konstanz
Anne Schacht – Nationalpark-Rangerin, List
Manfred Schaeffner – Maler, Westerland
Jochen Schildt – Chefredakteur Greenpeace Magazin, Hamburg
Melanie Schneider – Spa-Direktorin, Hamburg und Tinnum
Amrei Schnock – Dipl.-Dokumentarin und Yogalehrerin, Berlin
Tristan Schoelling – 15 Monate alt, Düsseldorf
Jan Schot – Muschelfischer, Hörnum
Maren Schulz – Yogalehrerin und Körpertherapeutin, Westerland
Mathias Tognino – Strandkorbverleiher, Westerland
Miriam Wania – Malerin, Erwine-Steinblum-Stipendium, Hammelburg
Andreas Weber – Journalist, Berlin
Pe Werner – Sängerin, Köln
Hans-Jürgen Westphal – Glasbläser, Keitum und Schondorf
Janine Wiegand – Malerin, Westerland
Gernot Wolfram – Schriftsteller, Inselschreiber, Berlin
Manuela Wossowski – Malerin, Berlin

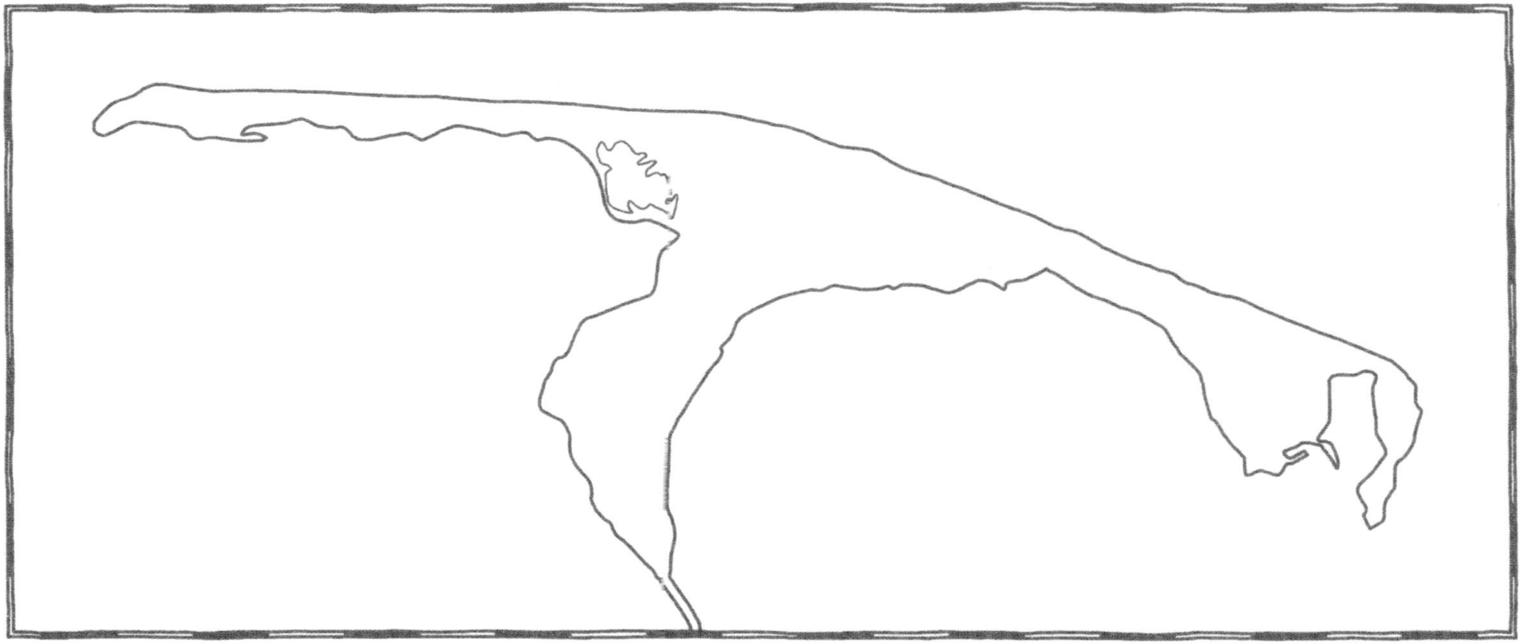

Mein Sylt

Ulla Mothes, geboren 1964, wuchs im Stechlin
und an der Ostsee auf. In Sylt verliebte sie
sich auf den ersten Atemzug. Sie lektoriert und
verfasst Bücher und leitet Schreibwerkstätten.
Von ihr sind unter anderem erschienen das Jugendbuch
»Der rote Flitzer« (2005) und das Einschreibalbum
»Und morgen ein Roman« (2015) – ein Ideenbuch
zum kreativen Schreiben. Ulla Mothes lebt
und arbeitet in Berlin.
www.ullamothes.de

Mehr über unsere Autoren und Bücher:
www.fuchsundfuchs.berlin

1. Auflage 2015

Satz und Gestaltung: fuxbux, Berlin
Gesetzt aus der Mrs. Eaves
Druck und Einband:
Friedrich Pustet, Regensburg
Printed in Germany
ISBN 978-3-945279-03-8